Theo von Taane

Tagebuch

AF 139217

Eigentum von:

Bibliografische Information der Deutschen Nationalbibliothek:
Die Deutsche Nationalbibliothek verzeichnet diese Publikation in
der Deutschen Nationalbibliografie; detaillierte bibliografische
Daten sind im Internet über http://dnb.dnb.de abrufbar.

© 2015 Theo von Taane; 1. Auflage

Texte und Illustrationen: **Theo von Taane**

Herstellung und Verlag: BoD – Books on Demand, Norderstedt

ISBN: 9783739222080

Weitere Bücher von Theo von Taane

Titel	ISBN
Minecraft Witzebuch	9783738612332
Minecraft Witzebuch II	9783739211206
Minecraft Witzebuch III	9783739211305
Minecraft Rätselbuch	9783739218267
Minecraft Notizbuch	9783738628852
War Stars Witzebuch I	9783739213903
War Stars Witzebuch II	9783739209838
The Walking Dad Witzebuch	9783739213507
Motiv Notizbücher:	
Weltbester Läufer	9783738610154
Weltbester Radfahrer	9783738610161
Weltbester Inline Skater	9783738610178
Weltbester Skifahrer	9783738610185
Weltbester Snowboarder	9783738610192
Weltbester Sportler	9783738610208
Weltbester Surfer	9783738610215
Weltbester Taucher	9783738610222
Weltbester Tennisspieler	9783738610239
Weltbester Volleyballer	9783738610246
Weltbester Wassersportler	9783738610253

...weitere Titel verfügbar und aktuell in Vorbereitung

Von Theo von Taane gibt es auch viele Witzebücher, Spiele, Kalender etc.
Einfach mal im Store nach ‚von Taane' suchen.

Viel Spaß!